なんで
料理したほうが
いいの？

おなじ150円。

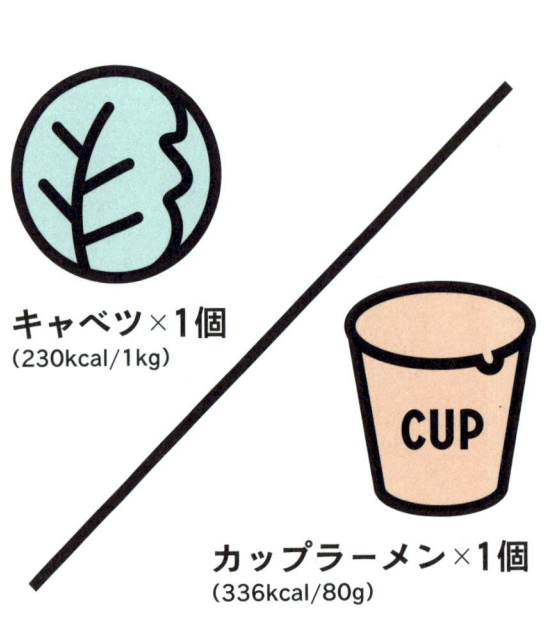

キャベツ×1個
(230kcal/1kg)

カップラーメン×1個
(336kcal/80g)

「安い」ってどういうこと?

おなかが空いて、面倒なとき、ついつい手が出るカップラーメン。コンビニやスーパーにもたくさん並んでいるし、手頃な値段で1食になるし…。だけど、それってホントに「安い」のかな?

カップラーメンには、多くの塩分と脂質が含まれている。塩分にいたっては、1食で1日分の塩分量をこえてしまうことも。ビタミンやミネラルは全然足りていないのに、人工的なうまみ成分の影響で、もっともっと、濃い味を欲してしまう…。こんな食べもの、体にとっていいわけない。

カップラーメンと同じくらいの値段で買えるキャベツはビタミン、ミネラルが豊富で、どこでも気軽に手に入る。ラーメンが食べたいなら、一緒に、中華麺、豚肉、にんにくを買って、味噌と水を鍋に入れてことこと煮てみよう。あっという間にボリュームも栄養も満点の味噌ラーメンが完成(→P53)。もちろん、同じくらい「安い」値段でね。

150円の差。

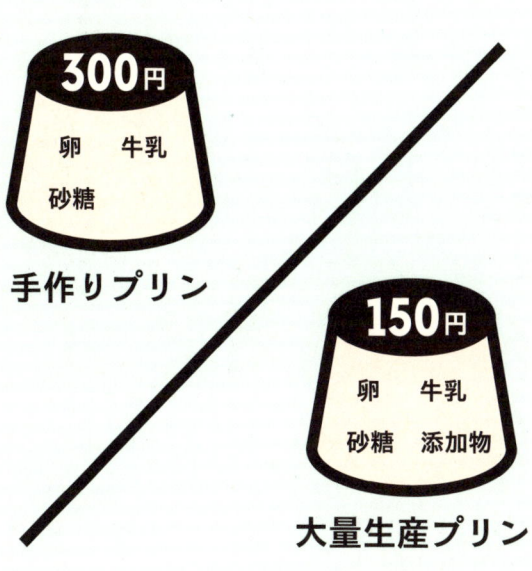

「原材料」って見てる?

スーパーなどで売られているプリンとケーキ屋さんの手作りプリンは、値段が全然違うよね。大量仕入れによるコストダウンなど安さの理由はいろいろあるけれど、ひとつに「原材料の違い」がある。

本来、プリンは卵と牛乳と砂糖で作るもの。ケーキ屋さんによっては生クリームを加えたり、よりおいしくするため原材料にそれぞれ工夫をこらしてる。

でも、ただ安くするためだけに、高くつく原材料を減らす場合もあるの。卵が作るはずの弾力や、牛乳が作るコクを添加物で補えば、原価の安いプリンができる。おいしさの半分が人工的なものだとしたら。ましてや、それが体に悪いかもしれないとしたら…。

安全でおいしいものを食べたいならば、目の前のものは何から、どうやって作られたかをもっと知ろう。何気なく手を伸ばした食べ物の裏に貼られたシールを見ることから、料理は始まっているよ。

だから料理をしてみよう。

遊びや音楽に夢中だった学生の頃、ご飯のことは二の次、三の次だった。食べることは好きだけど、時間もお金も惜しくて…。私は子どもが生まれて、必要に迫られ料理するうちに本格的に料理を学びたくなり、果てには自分の料理店を作りました。自分で作ったご飯のおいしさを知ると、料理はどんどん楽しくなる。「もうすぐ独り立ちする息子に手渡せるような本を」と思いついたこの企画。大切な人には健康的でおいしいものを日々食べてほしい。そのためには、少しでも料理に興味をもってほしい。本を作るにあたり、ひとり暮らしの会社員や学生50人に、自炊アンケートを実施。多くの人が「もっと料理したい、作れるようになりたい」と返答したにもかかわらず、ほぼ自炊できていない実態が回答から浮かびあがりました。台所が狭い、時間がない、材料が余るなど、単身暮らしならではの問題を抱えている実情も。料理から遠ざかる原因を解消すべく、この本では「これだけあれば」ルールを作りました。使い回し・使い切り・買い足しやすさを意識し野菜は5種類に。調味料も限定。鍋はフライパンひとつ。何もかもを最小限にすると、後片付けがラク、時間も短縮でき、同じ素材を繰り返し使うので料理の応用力もつきます。安くて、安全で、体によい。いいことだらけの料理を、もっと気軽に楽しんでもらえたら嬉しいです。

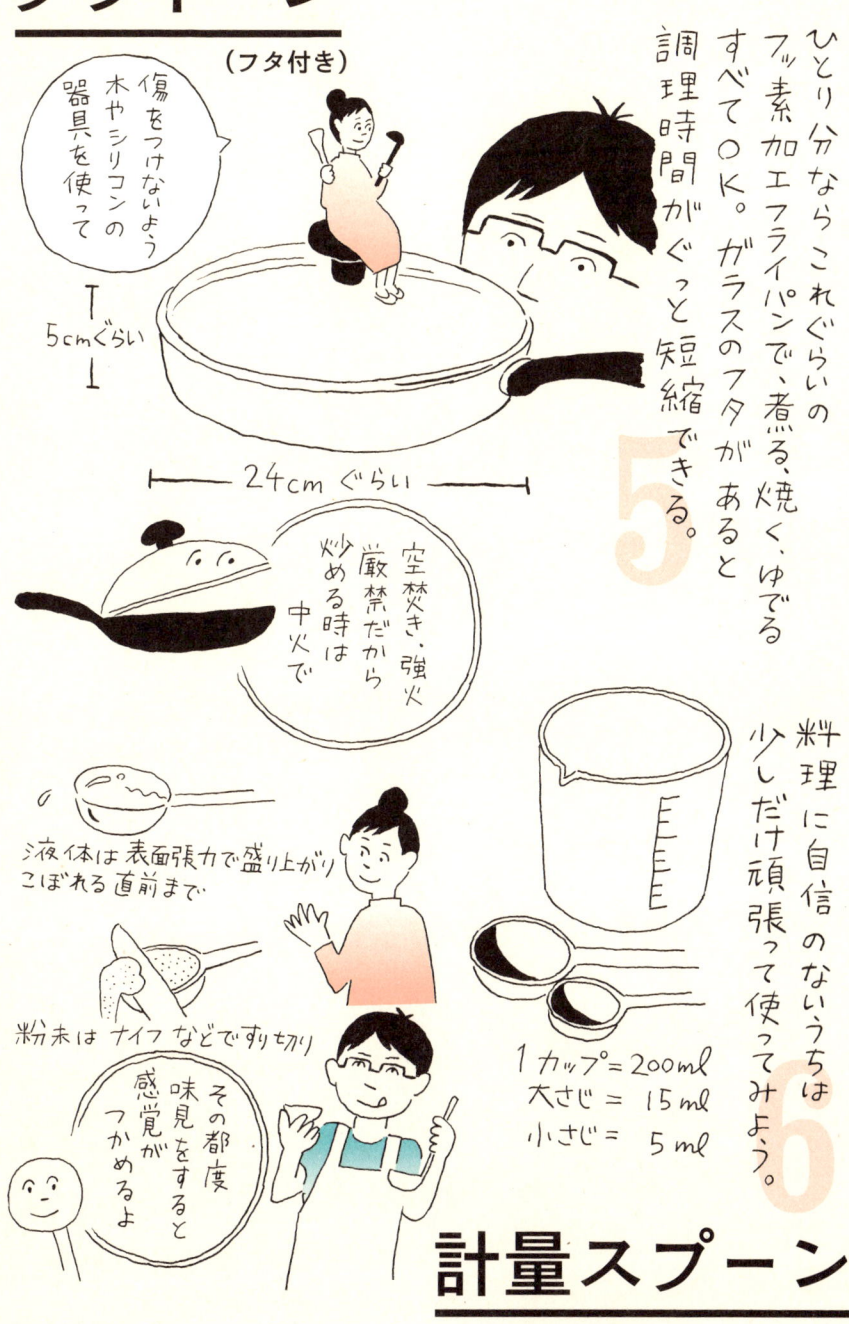

塩

1
調味料で一番大切なのは塩。安い精製塩ではなく自然塩を選ぼう。

塩ゆで　水1ℓに塩小さじ1

野菜のゆでには「下味をつける」「色鮮やかにする」などの効果がある。

塩もみ　素材100gに3g

塩もみをする場合、塩辛くなりすぎた時は水にさらせばOK。

おまじない程度ではなく、なめてみてちゃんと塩分を感じる程度の分量を入れること。

塩加減をマスターするにはその都度味見してね！

油

2
すぐ酸化するので使うたびしっかり密閉。

油を使い分けると料理の幅がぐんと広がるわ

サラダ油はくせがなく、料理全般に使える。

オリーブオイルは1本買うならエキストラバージンの香りのよいものを。ドレッシングやパスタに使うと本格的な味わいに。

中華料理にかかせないごま油は風味が強く、基本的には少量香りづけ程度に。サラダ油と割って使ったりも。

砂糖

- ミネラルを含んだきび糖、てん菜糖などがおすすめ。舌で感じる甘みの強さが上白糖とは違うはず。たくさん入れすぎるとせっかくの素材のうまみを損ねるので隠し味程度に。

酢

- まろやかで料理全般に合うので1本用意するならぜひ米酢を。味に深みを出す効果があるから煮込み料理にほんの少しプラスするなど、隠し味としても活躍。

（多少割高でも小さいサイズのものを最小限そろえよう）

味噌

- 味噌の種類は好みでOK。できるだけ大豆、塩麹、米または麦だけのものを。だしが添加されているものは添加物が多いので避けて。温かい場所だと発酵が進むので冷蔵庫で保存。

しょうゆ

- 日本人にはかかせないしょうゆも、大豆、小麦、食塩のみで作られている添加物のない本醸造のものを選ぼう。味噌と同じく発酵食品なので冷蔵庫で保存。

酒

- 酒は素材の臭みを消し、ほのかな甘みと風味を加えます。「料理酒」と書かれたものより、普通の日本酒、できれば米と米麹のみの「純米酒」を使って。料理に加えるときは、アルコールをしっかり飛ばしてからほかの調味料を加える。

必須香辛料

黒こしょう

⊙ 香りが肝心なので、ペッパーミル付きの粒タイプのものを。

豆板醤

⊙ 辛みとうまみをプラスできる唐辛子味噌は味に変化を付けたり、なにかと使える。塩分が多いので使い過ぎに注意。

ドライにんにく

⊙ 必要な分だけ使えて日持ちがするので、ひとり料理にはおすすめ。添加物のない粒状のを。

チューブしょうが

⊙ いつも使いきれないという人はチューブタイプ(添加物なし)を試してみて。しょうがは丸ごと冷凍してその都度すりおろすことも。

白ごま

⊙ 栄養価が高く、どんな食材とも相性ばっちり。指ですりつぶして使おう。

ほら！まぜるだけでもう一品できちゃった

次ページからはレシピ編！

少ない道具と調味料をトコトン使いまわせば、快適なひとり料理生活が送れますよ

ひとり料理

これだけあれば

木村 緑

目次

道具 これだけあれば ─── 05
調味料 これだけあれば ─── 12
野菜 これだけあれば ─── 17
このレシピの使い方 ─── 21

玉ねぎを買ったら… 22

① そぼろストック→オムレツ ─── 24
② ジャージャー麺風うどん ─── 26
③ 丸ごと玉ねぎのグラタンスープ風 ─── 28
④ 豚丼 ─── 30
⑤ おろし野菜のインド風チキンカレー ─── 32
⑥ 玉ねぎピクルス ─── 34
⑦ タルタルソース風卵サラダ ─── 35
⑧ 肉豆腐 ─── 36
⑨ 簡単キーマカレー ─── 38
⑩ ナスとひき肉のエスニック炒め ─── 40
⑪ かぼちゃとひき肉のスパイシー炒め ─── 42

キャベツを買ったら…

⑫ 簡単ザワークラウト ─── 40
⑬ ザワークラウトと骨付き鶏の煮込み ─── 42
⑭ じゃこたま焼き ─── 44
⑮ キャベツとオイルサーディンのパスタ ─── 46
⑯ キャベツと粗びきソーセージの煮込み ─── 48
⑰ ちぎりキャベツとごま油 ─── 50
⑱ カレー焼きそば ─── 50
⑲ キャベツの巣ごもり ─── 51
⑳ コールスローサラダ ─── 51
㉑ 蒸しキャベツのごま和え ─── 52
㉒ キャベツとツナのシンプル煮 ─── 52
㉓ キャベツと豚肉の味噌鍋 ─── 53

大根を買ったら… 54

㉔ 下ゆで大根→ふろふき大根 ─── 56
㉕ 鶏と大根の香り煮 ─── 58
㉖ 塩サバのおろし煮 ─── 60
㉗ 大根の肉巻き ─── 62
㉘ 大根のカクテキ風 ─── 64
㉙ ピーラー大根のサラダ ─── 66
㉚ 大根のきんぴら ─── 66
㉛ 大根の甘酢漬け ─── 67
㉜ たらこのおろし和え ─── 67
㉝ 大根とお揚げのしょうゆ焼き ─── 68

18

㉞大根の麻婆炒め
㉟ピーラー大根の豚しゃぶ …… 69

じゃがいもを買ったら… …… 70

㊱ゆでじゃが→じゃがバター …… 72
㊲スペイン風オムレツ …… 74
㊳トースターサモサ …… 76
㊴ニョッキ …… 78
㊵じゃがいももち …… 80
㊶ポテトだけサラダ …… 82
㊷タラモサラダ
㊸じゃがいもの味噌和え …… 83
㊹トースターフライドポテト
㊺じゃがいものガーリック炒め …… 84
㊻ジャーマンポテト
㊼じゃがいものカリカリ焼き …… 85
㊽じゃがいものトマト煮

にんじんを買ったら… …… 86

㊾にんじんマリネサラダ
→生ハムとにんじんのブルスケッタ …… 88
㊿炒めにんじん→牛肉のレタス包み …… 90
(51)ピビンバ …… 92
(52)にんじんパンケーキ …… 94
(53)にんじんと粗びきソーセージご飯 …… 96
(54)にんじんのグラッセ
(55)にんじんとたらこ炒め …… 98
(56)にんじんと糸こんにゃくのピリ辛炒め
(57)にんじんリゾット …… 99

休日には肉を煮よう
ごちそう肉レシピ …… 101

すじ肉の下ゆで／フライパンチャーシュー

市販のたれ卒業宣言
自作つゆ／たれ／ソース …… 106

めんつゆ／ドレッシング／ミートソース／トマトソース／トマトケチャップ／ゴマだれ／焼肉のたれ／味噌だれ／ポン酢／ラー油

素材別索引 …… 110

野菜
これだけあれば

「これだけあれば」ルールとは…

- 玉ねぎ
- キャベツ
- 大根
- じゃがいも
- にんじん

5野菜をとことん使うこと！

同じ食材がくり返しがちなひとり料理。とはいえ、いろんな野菜を買うと余ってしまう…、そんな悩みを解消するための新ルール「これだけあれば」。基本の5野菜をベースに献立を組み立てれば、最小限の常備野菜がフル回転、買い物もスムーズに。ひとり暮らしでも変化に富んだ食卓が可能に！

とことん使い回そう

《このレシピの使いかた》

① レシピの分量。

この本のレシピの分量は、基本的に「多め」のひとり分。余った分はお弁当に回したり、翌日の1品に。軽めのふたり分としても使えるよ。

② 計量の基本。

「ひとつまみ」は親指、ひと差し指、中指の3本指でつまんでつかめる分量。
大さじ＝15mℓ、小さじ＝5mℓ、1カップ＝200mℓ。スプーンでの計量は、液体は表面張力でこぼれるギリギリまで。粉末は、ナイフの背などですり切りまで量って（→P09参照）。

③ ゆでるときの水加減。

「ひたひた」は食材の頭が出るか出ないかくらい。「かぶるくらい」は食材の頭がすっぽり隠れるくらいまで水を注ぐ。

④ 火力は中火。

この本のレシピでは、特に指定がない限り火加減は「中火」。テフロン加工のフライパンに強火は厳禁。自宅の熱源の火力によるけれど、炎の大きさがフライパンの底辺内に収まるくらいの火加減にとどめて（→P09参照）。

⑤ レンジを使うとき。

電子レンジをかける時間は、基本的に500Wで算出。W数が変わると加熱時間も大きく変わるので、レンジ側面や裏面のシールや取扱説明書などで自宅のレンジのW数を調べておこう。500Wよりも大きい出力のものは時間短めに調節を。レンジにかけ足すときは、20秒くらいずつ（→P11参照）。

玉ねぎを買ったら…

原寸大
これが200gの玉ねぎ!

買うときのコツ

固く、皮の乾いているものを。芽が出たり、根がたくさん出たものは避けましょう。春先に出回る新玉ねぎは水分が多く、辛みは少ないので、生食に適しています。

【玉ねぎ】
栄養豊富で、うまみたっぷりの玉ねぎ。独特の辛みはじっくり炒めると甘みに変わります。その昔は精力剤として使われていたほど、疲労回復や食欲増進に効果的。涙が出ないように調理するポイントは、冷蔵庫で冷やしたものを、切れ味のよい包丁で切ること。

どうやって切るの？

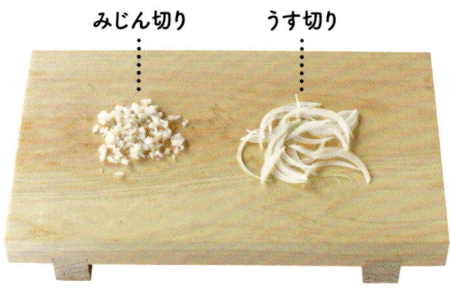

みじん切り　うす切り

● みじん切り…細かく刻む。この本のレシピでは包丁を使わずに、おろしても OK。
● うす切り…繊維にそって半分に切り、芯を取る。さらに切り口を下にして端からうすく刻む。

余ったら…？

冷蔵保存　切ったものはぴったりラップして冷蔵庫に入れ、2〜3日で使い切る。丸のまま未使用のものは、紙に包んで風通しのよい冷暗所へ。1か月ほど保存可。

まとめて処理
● そぼろストック（→ P24）に。
● 玉ねぎピクルス（→ P34）に。

古くなったら？

芽が出たら　味は落ちるが、使っても OK。成長した芽が固ければ外す。

一部腐ったら　腐った部分を取り、よく洗って使う。

1 そぼろストック

材料（作りやすい分量）　　［約10分］
- 玉ねぎ ……………………… 1個（200g）
- ひき肉（合いびき）…………………… 300g
- 油 ………………………… 小さじ1/2
- 塩 ………………………… 小さじ1/2

●アレンジメニュー
オムレツ

材料（ひとり分）　　［約5分］
- そぼろストック ……… 大さじ3（30g）
- 卵 ……………………………… 2個
- 牛乳 ……………………… 大さじ1
- 油 ………………………… 小さじ1/2
- 塩 ……………………… ひとつまみ
- 黒こしょう ……………………… 少々

玉ねぎ

どんな料理にも使えるそぼろストックは
冷蔵で3〜4日、冷凍で1か月保存可。
冷凍するときはポリ袋に入れ
うすくのばして凍らせると使いやすい。
アレンジメニューのオムレツには
トマトソース（→P107）などを添えて。

❸ひき肉を加えて炒め、仕上げに塩を入れ味を調える。

❷フライパンに油をひいて熱し、①をすき通るまで炒める。

❶玉ねぎを粗いみじん切りにする。

❻油をひいて熱し、⑤を流し入れ、まぜながら焼き固める。

❺次はオムレツ。まずオムレツの材料すべてをボウルに入れ、まぜる。

❹そぼろストック完成!

❼半熟になったら両端を折り返し、フライパンを皿にかぶせるようにして移す。

2 ジャージャー麺風うどん

玉ねぎ

材料（ひとり分） ［約5分］
- 冷凍うどん ………………… 1玉
- レタス ……………………… 大2枚
- ごま油 ……………………… 小さじ1/2
- A
  - そぼろストック（→P24）
    ………… 3/4カップ（100g）
  - ドライにんにく ………… 少々
  - おろししょうが ………… 少々
  - 豆板醤 …………………… 少々
- B
  - 味噌 ……………………… 小さじ1
  - 砂糖 ……………………… 小さじ1
  - 酒 ………………………… 小さじ1
  - しょうゆ ………………… 小さじ1

冷凍うどんの解凍ムラが
気になるときは水にくぐらせてから
レンジへ（ゆでてもOK）。
うどんをご飯にかえれば、
肉味噌丼にアレンジも。

❷Aをフライパンに入れ、火にかける。

❶冷凍うどんが温まるまで3分20秒ほどレンジにかけ、そのままおく。

❹①にごま油をたらし、軽くほぐす。

❸Bを加え、さっと炒めて火を止める。

❺④にレタスを添えて③をかける。

玉ねぎ

3 丸ごと玉ねぎのグラタンスープ風

材料(ひとり分)　　　　[約20分]
- 玉ねぎ ………… 1個(200g)
- ベーコン ………… 1〜2枚(30g)
- 白ワイン(または酒) ………… 小さじ1
- 酢 ………… 少々
- シュレッドチーズ ………… 大さじ1
- バゲット(うす切り) ………… 1枚
- A
  - 塩 ………… 小さじ1/4
  - 黒こしょう ………… 少々
  - 水 ………… 150㎖

玉ねぎの焼き目がうまみにかわるので、
しっかり焼き付けて。
新玉ねぎなら、レンジで加熱したあと
塩や酢じょうゆをかけて
そのまま食べてもおいしい。

❸ ベーコンを1.5cm幅に切り、炒め、一旦取り出す。

❷ 温まるまで3分ほどレンジにかけ、そのまま2分おく。

❶ 玉ねぎの皮をむき、根のほうに深く十字の切り込みを入れる。

❹ 同じフライパンで❷をきつね色になるまで焼き付ける。

❼ チーズをバゲットにのせ、トースターで焼き、スープに添える。

❻ 沸騰したらフタをし弱火で5分、仕上げに酢を入れる。

❺ 白ワインを加えてアルコールを飛ばし、❸を戻してAを入れる。

4 豚丼

材料(ひとり分)　　　［約10分］

- 玉ねぎ　………………　1/4個(50g)
- 豚うす切り肉　…………　80g
- ご飯　……………………　1杯分(200g)
- A
  - しょうゆ　………………　小さじ2
  - 砂糖　………………………　小さじ2
  - 酒　…………………………　小さじ2
  - おろししょうが　……………　少々
  - 水　…………………………　大さじ2

あまりに簡単でびっくりするほど、気軽に作れておいしい豚丼。豚肉を牛うす切り肉にかえるとあっという間に牛丼の完成。

玉ねぎ

5 おろし野菜のインド風チキンカレー

玉ねぎ

材料(作りやすい分量)　［約30分］
- 玉ねぎ ………………… 1個(200g)
- 鶏もも肉(唐揚げ用ぶつ切り) ……… 250g
- にんじん ……………… 1/2本(75g)
- しょうが ……………… ひとかけ
- 油 …………………… 小さじ1/2
- ドライにんにく ………… 少々
- カレー粉 ……………… 小さじ1
- 酢 …………………… 小さじ1/2
- ご飯 …………………… 1杯分(200g)
- A｜カレー粉 …………… 小さじ1/2
  ｜塩 ………………… 小さじ1/2
- B｜野菜ジュース ………… 100ml
  ｜水 ………………… 200ml
  ｜塩 ………………… 小さじ1/2
  ｜ローリエ(あれば) ……… 1枚

野菜をすりおろすだけの
包丁いらずカレー。
ジュースはトマトかにんじんがベースの
無塩のものを(トマトジュースでもOK)。
芯の部分を残すようにおろすと
バラバラになりません。

❶フライパンに油をひいて熱し、鶏ももを肉をきつね色になるまで炒める。

❷Aを加え、軽く炒めて火を止め、一旦皿などに取り出す。

❹ドライにんにくを加え、再び火にかけ、半量になるまで炒める。

❸同じフライパンにしょうが、にんじん、玉ねぎの順にすりおろす。

❻肉に火が通るまで弱火で煮込み、仕上げに酢をふる。

❺カレー粉を加え、Bと②を入れる。

7.
タルタルソース風卵サラダ

6.
玉ねぎピクルス

ゆで卵をプラスするだけで、簡単なサラダが完成。細かく刻んでまぜるとタルタルソースとしても使えます。焼き魚や肉料理に添えてもおいしい。

玉ねぎは時間が経つほどに辛みが抜けて、おいしくなります。冷蔵庫で1週間保存OK。きゅうり1本を一緒に漬けても（その場合は調味料を倍量に）。

材料（ひとり分）　　　　　［約10分］
玉ねぎピクルス（→P34） …… 1/3 カップ（40g）
卵 ………………………………………… 2個
マヨネーズ …………………………… 小さじ1
塩 …………………………………… ひとつまみ
黒こしょう ……………………………………… 少々

❶フライパンに卵を入れ、1cmの深さまで水を注いで火にかける。
❷沸騰したらフタをして弱火にし、3分ゆでて火を止め、そのまま5分ほどおく。
❸卵を水に浸けて冷まし、殻をむいて四つ割りにする。
❹すべての材料をボウルで和える。

材料（作りやすい分量）　　　［約3分／一晩］
玉ねぎ …………………………………… 1/2個（50g）
酢 ……………………………………… 小さじ1と1/2
砂糖 ……………………………………… 小さじ1
塩 ……………………………………… 小さじ1/4
黒こしょう ……………………………………… 少々
ローリエ（あれば）………………………………… 1枚

❶玉ねぎを繊維にそって1.5cm幅に切る。
❷すべての材料をポリ袋に入れる。
❸空気を入れて袋の口を閉じ、よくふりまぜる。
❹空気を抜くようにして口をしばり、冷蔵庫で一晩おく。

9. 簡単キーマカレー

ご飯を一緒に炒めて目玉焼きをのせ、ドライカレー風にアレンジもできます。玉ねぎピクルス（→P34）との相性も抜群。

材料（ひとり分） ［約10分］
そぼろストック(→P24) ………… 大さじ8（80g）
トマト ……………………………… 1個（100g）
しょうが …………………………………… 少々
セロリ ……………………………………… 少々
カレー粉 ………………………………… 小さじ1
ドライにんにく …………………………… 少々
白ワイン ………………………………… 小さじ1
塩 ……………………………………… 小さじ1/4

❶トマトをざく切りにする。
❷しょうがとセロリをみじん切りにする。
❸フライパンにそぼろストックとカレー粉、ドライにんにく、❷を入れて火にかけ、炒める。
❹❶と白ワイン、塩を加え、トマトが煮崩れるまで弱火で煮る。

8. 肉豆腐

寒い日に食べたい一品。甘辛く煮た豆腐が、体を温めます。好みで七味唐辛子など、薬味を添えて。

材料（ひとり分） ［約10分］
玉ねぎ ……………………………… 1/4個（50g）
牛うす切り肉 ……………………………… 80g
木綿豆腐 …………………………… 1/2丁（150g）
A 砂糖 …………………………………… 小さじ2
  しょうゆ ……………………………… 小さじ2
  酒 …………………………………… 小さじ2
  うす切りしょうが …………………………… 2枚
  七味唐辛子（あれば） ………………………… 少々
  水 …………………………………… 大さじ2

❶玉ねぎは繊維にそって1.5cm幅に、豆腐は8等分に切る。
❷Aと❶の玉ねぎをフライパンに入れ、火にかける。
❸玉ねぎがすき通ってきたら牛うす切り肉と❶の豆腐を入れる。
❹肉の色が変わったら、できあがり。

11.
かぼちゃとひき肉のスパイシー炒め

カレー粉がアクセントのスパイシーな炒めもの。かぼちゃの他に、ナスやオクラなど、夏野菜を使うのもおすすめ。プチトマトは普通のトマト1/2個をざく切りして代用OK。

材料（ひとり分） ［約10分］

そぼろストック(→P24)	大さじ4（40g）
かぼちゃ	1/16個（100g）
プチトマト	5個
酒	小さじ1
しょうゆ	小さじ1
A｜カレー粉	小さじ1/2
｜ドライにんにく	少々

❶かぼちゃをひと口大に切り、やわらかくなるまで1分半ほどレンジにかける。
❷フライパンにそぼろストックとAを入れて熱し、軽く炒める。
❸①とプチトマト、酒、しょうゆを加え、3分ほど炒める。

10.
ナスとひき肉のエスニック炒め

味の決め手はセロリ。ナスはなるべく動かさず、焼き目を付けるように焼くと、おいしく炒められます。

材料（ひとり分） ［約10分］

そぼろストック(→P24)	大さじ6（60g）
ナス	1本（120g）
油	小さじ1
ごま油	小さじ1/2
A｜しょうゆ	小さじ1
｜酢	小さじ1
｜砂糖	小さじ1
｜酒	小さじ1
｜おろししょうが	少々
｜セロリ（みじん切り）	少々
｜豆板醤	少々

❶ナスを縦半分に切り、切り口を下にしてさらに1.5cm幅に斜め切りする。
❷フライパンに油をひいて熱し、ナスを炒める。
❸そぼろストックとAを加え、軽く煮て火を止め、仕上げにごま油を回しかける。

そぼろストックの活用法

そぼろストックはとても便利な保存食。
長期保存するときはポリ袋に入れてうすくのばし、冷凍庫へ。

【アレンジ案いろいろ】

レシピで紹介した料理以外にも、様々な用途があります。

◎じゃがいも、にんじん、水、ルーを入れて、簡単にシチューやカレーができる。
◎ルーのかわりにめんつゆ（→P107）を入れれば、肉じゃがにも。
◎ご飯と炒めてトマトケチャップ（→P108）を入れ、うす焼き卵をのせればオムライスに。
◎残り野菜と好みの調味料で炒め合わせて、バリエーション豊富な炒め料理に。
◎ ひき肉とまぜ合わせて気軽にハンバーグも作れる。ひき肉の半分に火が通ってるので、焼き時間も短縮できる。

【ハンバーグレシピ】

❶細かくちぎったパン大さじ1、牛乳大さじ2、卵1/2個、塩2つまみ、黒こしょう少々をよくまぜ、パンがやわらかくなるまでしばらくおく。
❷①にそぼろストック3/4カップ（100g）と合いびき肉60gをよくまぜ、2等分して平たく成形し、フライパンで両面焼く。
❸水少々を加えフタをして、蒸し焼きに。

原寸大
これが1/4サイズ、350gのキャベツ！

キャベツを買ったら…

【キャベツ】
生でも加熱してもおいしいキャベツ。免疫力がアップし、胃腸に良い成分がたくさん含まれています。春先に出回る新キャベツは水分が多く、やわらかいのでサラダなどの生食に最適。一方、冬キャベツは加熱すると甘みが増すので、煮込み料理に向いています。

買うときのコツ
根元の切り口が新しいもの、見た目より重いものを。なるべく使い切れるよう、ひとりなら1/4カットサイズがベスト。春キャベツの場合はやわらかく、ふんわり巻いているものを選ぶ。

どうやって切るの？

ざく切り　せん切り

● ざく切り…3cm四方を目安にざくざくと切る。このレシピでは包丁を使わず、ちぎってもOK。
● せん切り…半分に切って芯を取り、端から細く刻む。

余ったら…？

| 冷蔵保存 | ぴったりラップして冷蔵庫へ。できるだけ早く使い切る。 |

| まとめて処理 | ● 簡単ザワークラウト（→P40）に。
● ちぎりキャベツとごま油（→P50）に。
● コールスローサラダ（→P51）に。 |

古くなったら？

| 黒ずんだら | 酸化してるので、黒い面をうすく切って使う。 |
| しなびたら | 腐っていなければ、味は落ちるが炒めものに。 |

12 | 簡単ザワークラウト

材料（作りやすい分量）〔約5分／10分〜〕
- キャベツ ………………… 1/8個（175g）
- 酢 ………………………… 大さじ1
- 砂糖 ……………………… 小さじ2
- 塩 ………………………… 小さじ1/2
- 黒こしょう ……………… 少々
- ローリエ（あれば） ……… 1枚

さっと漬け込む簡単ザワークラウトは、
サラダがわりにも。
ポリ袋の空気を
しっかりと抜くのがポイント。
1週間冷蔵保存OK。

キャベツ

❶ キャベツを粗いせん切りにする。

❷ すべての材料をポリ袋に入れる。

❸ 空気を入れて口を閉じ、よくふりまぜる。

❹ 空気を抜くように口をしばる。

❺ 軽くもみ込む。

❻ 10分以上おく。

13 ザワークラウトと骨付き鶏の煮込み

材料(ひとり分) ［約40分］
- 簡単ザワークラウト(→P40) ……190g
- 鶏手羽元 …………………… 4本
- 白ワイン(なければ酒) ………… 大さじ1
- 油 …………………………… 小さじ1/2
- 塩 …………………………… 小さじ1/2

簡単ザワークラウトと骨付き鶏を煮込むだけでできる、本格的な1品。簡単ザワークラウトの分量は少々足りなくても大丈夫。漬け汁は全部入れてね。

キャベツ

❶ フライパンに油をひいて熱し、鶏手羽元をきつね色になるまで焼く。

❷ 白ワインを加えて煮立たせ、アルコールを飛ばす。

❸ ザワークラウトと塩を加える。

❹ 材料がかぶるほどに水を注ぐ。

❺ 煮立ったら少しフタをずらし、時々まぜながら弱火で煮込む。

❻ 煮汁が半量になり(約30分が目安)、肉がやわらかくなればできあがり。

14 じゃこたま焼き

材料（ひとり分）　　　［約15分］
- キャベツ ………… 1/12個（120g）
- 豆腐 ……………… 1/2丁（150g）
- 卵 ………………………………… 1個
- 牛乳 ……………………… 大さじ2
- 薄力粉 …………… 大さじ3（20g）
- ちりめんじゃこ ………… 大さじ2
- 油 ………………………… 小さじ1
- かつお節 ……… 1パック（2〜3g）
- 塩 ……………………… ひとつまみ

【たれ】
しょうゆ、マヨネーズ

ちりめんじゃこと豆腐が入って
ボリュームたっぷり、
でもあっさりとした味。
刻みねぎを加えてもおいしいよ。
七味唐辛子などを添えると
ビールにぴったり。

❶ キャベツを粗いせん切りにする。

❷ すべての材料をボウルに入れ、よくまぜて生地を作る。

❸ フライパンに油をひいて熱し、②を流し入れ、フタをする。

❹ 焼き目が付いたら裏返す。

❺ 皿に移し、しょうゆとマヨネーズをかける。

キャベツ

15 | キャベツとオイルサーディンのパスタ

材料（ひとり分）　　　　　［約15分］
キャベツ ……………… 大1枚分（60g）
パスタ ………………………………… 80g
オイルサーディン ………… 1/2缶（50g）
オイルサーディンの油 ……… 小さじ2ほど
塩‥適量（24cmフライパンで大さじ1ほど）
ドライにんにく ……………………… 少々
しょうゆ …………………… 小さじ 1/2
黒こしょう …………………………… 適量
レモン（なければ酢）………………… 適量

フライパンひとつで
すぐに作れる簡単パスタ。
レモンの酸味が味のポイントなので、
レモンがない場合は
小さじ1/2ほどの酢で代用して。

❶ キャベツを粗いせん切りにする。

❷ たっぷり湯を沸かし、塩を入れる。

❸ パスタを袋の指定時間よりマイナス2分ゆでる。

❹ ①を加えて1分ゆで、パスタとともにざるにあける。

❺ あけたフライパンを弱火にかけ、オイルサーディンの油でドライにんにくを炒める。

❻ 火を中火に上げ、オイルサーディンとしょうゆをさっと炒め、④を加えまぜ、レモンを添える。

キャベツ

15 | キャベツと粗びきソーセージの煮込み

材料（ひとり分）	［約10分］
キャベツ	1/8個(175g)
粗びきソーセージ	3本(30g)
野菜ジュース	50ml
塩	小さじ1/4
黒こしょう	少々

味の決め手は野菜ジュース。
ジュースはトマトかにんじんがベースの
無塩のものを（トマトジュースでも可）。
野菜のうまみをじっくり感じられる一品。

❶ キャベツをざく切りにする。

❷ すべての材料をフライパンに入れ、フタをして中火にかける。

❸ 煮立ったら全体をまぜて弱火に落とす。

❹ キャベツがやわらかくなるまで煮込む。

18.
カレー焼きそば

17.
ちぎりキャベツとごま油

ソース味の焼きそばもいいけれど、キャベツとカレー粉だけで、いいうまみが出ます。もちろんお肉を加えれば、食べ応えもアップ。

疲れて料理が面倒くさい、というときは、これだけでも作ってみて。コンビニ弁当にプラス一品、体を守ってくれる簡単サラダ。おつまみにも。

材料（ひとり分） ［約10分］
キャベツ ……………………… 大2枚（120g）
焼きそば麺 …………………………………… 1玉
カレー粉 …………………………………… 小さじ1/2
酒 …………………………………………… 小さじ2
しょうゆ ………………………………… 小さじ1/2
塩 …………………………………………… 小さじ1/4
ドライにんにく ……………………………… 少々
水 …………………………………………… 大さじ2

材料（作りやすい分量） ［約1分］
キャベツ ……………………… 大2枚（120g）
ごま油 …………………………………… 小さじ1/2
塩 …………………………………………… 2つまみ

❶キャベツを食べやすい大きさにちぎる。
❷皿にのせ、ごま油を回しかける。
❸仕上げに塩をふる。

❶キャベツをざく切りにする。
❷すべての材料をフライパンに入れる。
❸フタをして火にかける。
❹煮立ったら、箸で全体をほぐす。
❺水分がなくなったら油小さじ1（分量外）を加え、キャベツに火が通るまで炒める。

20. コールスローサラダ

にんじん、きゅうりなどの野菜を加えるとバランスアップ。しばらくおくと味がなじんでおいしい。冷蔵庫で3〜4日保存できます。

材料（作りやすい分量） ［約10分］
キャベツ ……………………… 1/8個（175g）
玉ねぎ ………………………… 1/8個（25g）
塩 …………………………………… 小さじ1/2
A｜酢 …………………………………… 大さじ1
　｜マヨネーズ …………………………… 小さじ2
　｜砂糖 ………………………………… ひとつまみ
　｜黒こしょう …………………………………… 少々

❶キャベツを粗いせん切りに、玉ねぎはうす切りにする。
❷ボウルに①と塩を入れ、5分ほどおく。
❸キャベツと玉ねぎの水気を絞り、Aを加えてまぜる。

19. キャベツの巣ごもり

朝食にぴったりの一品。黄身の固さはお好みで調整してね。ご飯ともパンとも相性のよいおかずです。

材料（ひとり分） ［約10分］
キャベツ ……………………… 大2枚（120g）
卵 ……………………………………………… 1個
塩 …………………………………………… 3つまみ
黒こしょう ……………………………………… 少々
油 …………………………………………… 小さじ1

❶キャベツを粗いせん切りにする。
❷フライパンに油をひいて熱し、キャベツをさっと炒め、塩を2つまみ加える。
❸ドーナツのように真ん中に穴をあけ、卵を割り入れる。
❹フタをして弱火にし、卵の白身に火が通るまで焼く。
❺仕上げに塩ひとつまみと黒こしょうをふる。

22. キャベツとツナのシンプル煮

塩だけでうまみを引き出した煮ものです。ツナの塩分に合わせ、塩の量を調節してね。ツナはベーコンで代用可。冷めてもおいしいのでお弁当にも。

材料（ひとり分）　　　　　　［約10分］
キャベツ ………………………… 1/8個（175g）
ツナ缶 ……………………… 小 1/2 缶（35g）
酒 ………………………………………… 小さじ 1
水 ………………………………………… 大さじ 1
塩 ………………………………………… 2つまみ
黒こしょう ………………………………………… 少々

❶キャベツをざく切りにする。
❷すべての材料を鍋に入れ、フタをして中火にかける。
❸煮立ったら全体をまぜる。
❹弱火にし、キャベツがやわらかくなるまでじっくり煮る。

21. 蒸しキャベツのごま和え

フタをして蒸し煮にすると、お湯を沸かす手間が省けます。生のキャベツもおいしいけれど、火を通すとたくさんの量が食べられて野菜不足の方におすすめ。

材料（ひとり分）　　　　　　［約10分］
キャベツ ………………………… 1/8個（175g）
塩 …………………………………………… ひとつまみ
水 ………………………………………… 大さじ 1
すりごま ………………………………… 小さじ 2
しょうゆ ………………………………… 小さじ 1

❶キャベツを粗いせん切りにし、フライパンに入れる。
❷塩と水を加え、フタをして火にかける。
❸煮立ったら、一度全体をまぜる。
❹フタをして火を止め、そのまま3分ほど蒸らす。
❺すりごまとしょうゆを加え、まぜる。

23.
キャベツと豚肉の味噌鍋

キャベツは包丁を使わずちぎってもOK。ニラやもやし、きのこを足すとよりおいしいです。鍋の〆には麺を。ご飯とチーズを加えるとリゾット風に。

材料（ひとり分）　　　　　　　［約10分］
キャベツ ……………………………… 1/4個（350g）
豚うす切り肉 ………………………………… 100g
味噌 …………………………………… 大さじ2（30g）
ドライにんにく ………………………………… 少々
水 ……………………………………………… 300mℓ

❶キャベツをざく切りにして鍋に入れる。
❷豚うす切り肉を1枚ずつ並べ、味噌をのせてドライにんにくをふる。
❸水を注ぎ、フタをして、中火にかける。
❹煮立ったら一度全体をまぜ、キャベツがやわらかくなるまで煮る。

ちぎりキャベツの活用法

疲れて包丁も出したくない、ってときに便利な野菜、キャベツ。ちぎりキャベツとごま油（→P50）はもちろん、じゃこたま焼き（→P44）以外のこの本のレシピは、いずれも切るかわりにちぎって調理してOK。ただし、ちぎった部分はすぐに黒ずんだりと、とても傷みやすいので、芯の根元から1枚ずつ葉をはがしてからちぎろう。

大根を買ったら…

原寸大
これが長さ10cm、400gの大根!

買うときのコツ
先までしっかり固く、根のくぼみが並んでいるものを。皮が黒ずんだり、しわが寄ったり、根が出たものは避けましょう。カットされたものならば使い切りやすいです。

【大根】
刺身のつまから大根おろし、煮ものと和食に欠かせない大根。消化酵素がたっぷり含まれ、高い解毒作用も。根に近いほど辛みが増すので、生食するときは注意を。栄養たっぷりの葉は捨てず、炒めものなどに。

どうやって切るの?

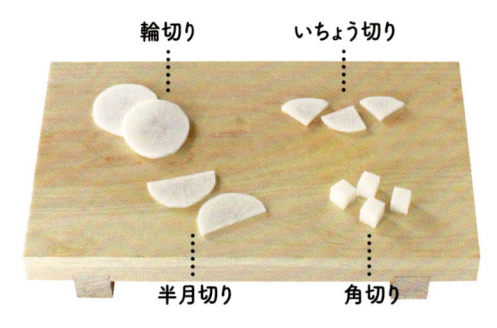

輪切り
いちょう切り
半月切り
角切り

- 輪切り…端から一定幅に切る。
- 半月切り…輪切りを半分に。
- いちょう切り…半月切りの半分。十字に切った大根の切り口を下にし、端から一定幅に切る。
- 角切り…サイコロ型に切る。

余ったら…?

| 冷蔵保存 | ぴったりラップして冷蔵庫へ。できるだけ早く使い切る。 |

| まとめて処理 | ●下ゆで大根(→P56)に。
●大根のカクテキ風(→P64)や甘酢漬け(→P67)に。
●余った皮は、大根のきんぴら(→P66)に。 |

古くなったら?

| 黒ずんだら | 酸化してるので、黒い面をうすく切って使う。 |

| しなびたら | 腐っていなければ、きんぴらなど炒めものに。 |

24 下ゆで大根

材料(作りやすい分量)　〔約35分〕
大根 ……………… 10〜15cm(500g)
水(または米のとぎ汁) ……………… 適量

●アレンジメニュー
ふろふき大根

材料(ひとり分)　〔約5分〕
下ゆで大根 ……………………… 2個
【味噌だれ】
味噌 ……………………… 小さじ2
砂糖 ……………………… 小さじ1/2
水 ………………………… 小さじ1/2

大根

大根は、まとめて下ゆですると便利。
水に浸けて3〜4日冷蔵保存OK。
煮ものにしたり、刻んでお味噌汁の具にしたり。
水じゃなく米のとぎ汁で煮るとふっくら白く仕上がるよ。

❶ 大根を5等分に切り、皮を厚めにむく。

❷ かぶるくらいの水を注ぎ、フタをして、弱火で30分ほど煮る。

❸ やわらかくなったら湯を捨てる。

❹ 流水で冷まし、下ゆで大根、完成！

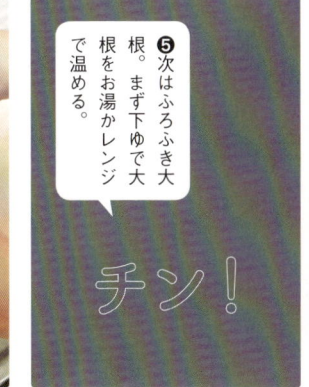

❺ 次はふろふき大根。まず下ゆで大根をお湯かレンジで温める。

チン！

❻ 味噌だれの材料をまぜ合わせ、❺に添える。

25 鶏と大根の香り煮

材料（ひとり分）　　［約30分］

- 下ゆで大根（→P56） ……… 2個（180g）
- 鶏もも肉（唐揚げ用ぶつ切り） ……… 100g
- 酒 ……………………… 小さじ2
- 油 ……………………… 小さじ1/2
- A
  - うす切りしょうが ……………… 2枚
  - ねぎ（青い部分でも可） ……… 少々
  - しょうゆ ……………… 小さじ2
  - 塩 …………………… 小さじ1/4

だしいらずの和風煮もの。
煮ものは冷めるときに味が入るので、
できあがりの煮汁は
少し濃いめでちょうどいい。
ひと晩おいてもおいしい。

大根

❶ 下ゆで大根を半月切りにする。

❷ さらに厚みを半分にする。

❸ フライパンに油をひいて熱し、鶏もも肉を皮目から焼く。

❹ きつね色に焼けたら酒を加え、ひたひたになるまで水を注ぐ。

❺ ②とAを加え、沸騰したらフタをし、弱火で5分煮る。

❻ 火を止めてそのまま15分おき、味を含ませる。

26 ｜ 塩サバのおろし煮

材料（ひとり分）　　　［約10分］
- 大根 …………… 1〜2cm分(60g)
- 塩サバ …………………… 1切れ
- 小麦粉 …………………… 2つまみ
- 油 ………………………… 小さじ1/2
- A　うす切りしょうが ……… 1枚
　　酢 …………………… 小さじ2
　　酒 …………………… 小さじ1
　　しょうゆ …………… 小さじ1/2
　　砂糖 ………………… 小さじ1/4

フライパンでできる魚メニュー。
ご飯の進む味付けです。
冷めてもおいしく食べられるので、
お弁当にもぴったり。
大根おろしの煮込み具合は好みで。

大根

❶ 大根をおろす。

❷ 塩サバに小麦粉をまぶす。

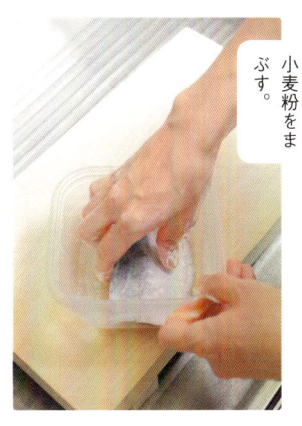

❸ フライパンに油をひいて熱し、塩サバを皮目から焼く。

❹ 裏返して両面を焼く。

❺ 弱火に落とし、Aを入れる。

❻ ひと煮立ちしたら①を入れ、火を止める。

27 大根の肉巻き

材料（ひとり分）　　［約20分］

- 大根 …… 10cm（太さ1/4ほど、100g）
- 豚うす切り肉 …………………… 100g
- 大葉 …………………………… 4枚
- 油 ………………………… 小さじ1/2
- A
  - 酒 ……………………… 小さじ1
  - しょうゆ ……………… 小さじ1/2
  - 塩 ………………………… 2つまみ
  - 黒こしょう ………………………… 少々

大葉のかわりに、ねぎやみつば、のりを巻いてもおいしい。大根の長さはあくまで目安。手元にある大根の量で調節してね。

大根

❶ 大根を1cm角×10cmほどの長さに切る（12等分）。

❷ 大根がすき通るまで1分半ほどレンジにかけ、そのまま冷ます。

❸ 大根3本を芯にして大葉で巻く。

❹ さらに豚肉を巻き、ぎゅっと握って形作る。

❺ フライパンに油をひいて熱し、転がしながら焼く。

❺ 焼き色が付いたらAを入れ、味を絡める。

28 大根のカクテキ風

材料（作りやすい分量） ［約5分／30分］
- 大根 …………………… 5cm（200g）
- 塩 ……………………… 小さじ1/2
- 砂糖 …………………… 小さじ1
- 酢 ……………………… 小さじ1
- 豆板醤 …… 小さじ1/4〜1/2（好みで）
- かつお節 ……………………… 少々
- ドライにんにく ……………… 少々
- おろししょうが ……………… 少々
- おろし玉ねぎ ………………… 少々

ポリ袋の空気をしっかり抜くのが、まんべんなく漬けるコツ。冷蔵庫で4〜5日保存可能。浅漬けでも、しっかり漬けても。早く漬けたいときは常温でおこう。

大根

❶ 大根を1.5cmの角切りにする。

❷ すべての材料をポリ袋に入れる。

❸ 空気を入れて口を閉じ、よくふりまぜる。

❸ 空気を抜くように口をしばる。

❺ 冷蔵庫で30分以上おく。

30.
大根のきんぴら

ちくわやちりめんじゃこを一緒に加えるとうまみがアップ(調味料と同時に加えてね)。皮のかわりにしなびた大根を使っても。冷蔵庫で2～3日保存OK。

材料(ひとり分)　　　　　　　　［約10分］
大根の皮 …………………… 1/2本分(150g)
油 ……………………………………… 小さじ1
白ごま ………………………………………… 少々
A｜砂糖 ……………………………………… 小さじ1
　｜酒 ………………………………………… 小さじ1
　｜しょうゆ ……………………………… 小さじ1/2
　｜塩 ………………………………………… 2つまみ

❶大根を長さ3cm、太めのマッチ棒大に切る。
❷フライパンに油をひいて熱し、さっと炒める。
❸大根に油が回ったら、Aを上から順に加える。
❹仕上げに白ごまをふる。

29.
ピーラー大根のサラダ

あっという間にできる包丁いらずの簡単サラダ。大根が辛いときは水にさらすこと。スモークサーモンやちりめんじゃこ、きゅうりなどを加えると華やかに。

材料(ひとり分)　　　　　　　　［約5分］
大根 ……………… 10cm(太さ1/4ほど、100g)
オリーブオイル ……………………………… 小さじ1
塩 ……………………………………………… 2つまみ
黒こしょう …………………………………… 少々

❶大根をピーラーで長めにむく。
❷すべての材料をボウルに入れる。
❸よくまぜ合わせる。

32. たらこのおろし和え

思い立ったらすぐに作れる簡単おつまみ。ご飯にも合います。レモンを搾るとさらにおいしい。たらこは明太子でもOK。

材料（作りやすい分量） ［約3分］
大根 ……………………………… 1cm（40g）
たらこ …………………………… 1/2腹（40g）
刻みねぎ（あれば） ………………………… 少々

❶大根をボウルにおろす。
❷たらこをひと口大に切る。
❸①②をざっくりとまぜ合わせる。
❹器に盛り、ねぎをふる。

31. 大根の甘酢漬け

漬けて30分後から食べられますが、一晩おいた方がおいしいです。レモンはゆずなど別の柑橘類にかえてもOK。

材料（ひとり分） ［約5分／30分〜］
大根 ……………………………… 5cm（200g）
酢 ………………………………………… 大さじ1
砂糖 ……………………………………… 小さじ2
塩 ……………………………………… 小さじ1/2
昆布（あれば） ……………………………… ひとかけ
レモンの皮（あれば） ………………………… 少々

❶大根を厚めのいちょう切りにする。
❷レモンの皮をせん切りにする。
❸すべての材料をポリ袋に入れ、空気を入れて口を閉じ、よくふりまぜる。
❹空気を抜くように口をしばる。
❺冷蔵庫で30分以上おく。

34.
大根の麻婆炒め

33.
大根とお揚げの
しょうゆ焼き

下ゆで大根がないときは、いちょう切りにした大根をさっとゆでて使用しましょう。ナスや厚揚げを大根のかわりに入れてもおいしい。

煮物とはまた違う、歯ごたえある食感が楽しめるおかず。しなびた大根でもおいしくできるので、使い残しでどうぞ。

材料（ひとり分） ［約10分］

下ゆで大根（→ P56）	2個（180g）
豚ひき肉 70g	油 小さじ1/2
刻みねぎ 少々	ごま油 少々
A	おろししょうが 少々
	ドライにんにく 少々
	豆板醤 少々
B	味噌 小さじ1　しょうゆ 小さじ1
	酒 小さじ1　砂糖 小さじ1
	水 50ml

❶下ゆで大根を厚み半分にし、いちょう切りに。
❷フライパンに油をひいて熱し、豚ひき肉を炒める。
❸Aを加えてさらに炒め、①とBを入れてフタをし、水分を飛ばしながら5分ほど煮る。
❹刻みねぎとごま油を加えてさっとまぜ、火を止める。

材料（ひとり分） ［約10分］

大根	2～3cm（100g）
うす揚げ	1/2枚（10cm×8cm）
しょうゆ	小さじ1
かつお節	少々
ごま油	小さじ1

❶大根を1cmの厚さの半月切りにする。
❷うす揚げを2cm幅の短冊切りにする。
❸フライパンにごま油をひいて熱し、①②を入れてきつね色になるまで焼く。
❹しょうゆを回しかけ、火を止める。
❺皿に盛り、かつお節をふる。

35.
ピーラー大根の豚しゃぶ

豆苗がないときは、春菊、水菜など、すぐに火が入る葉野菜なら何でもOK。いろんなタレや薬味と相性がよいです（→P109）。

材料（ひとり分）　　　　　　　［約10分］
大根 …………… 10cm（太さ1/4ほど、100g）
うす切り豚肉（しゃぶしゃぶ用）…………… 100g
豆苗 …………………………………………… 1/2株
昆布 ………………………………………… 3cm×3cm
【付けだれ】
ごま油 ……………………………………… 小さじ2
塩 ………………………………………… 小さじ1/2
黒こしょう …………………………………………… 少々

❶大根をピーラーで長めにむく。
❷豆苗を洗って根を切り落とす。
❸水と昆布を入れ火にかけ、沸騰直前に昆布を取り出す。
❹食べる量ずつ、野菜と肉に火を通す。
❺付けだれの材料をまぜ合わせ、煮汁とまぜながらいただく。

葉っぱと皮は捨てないで

季節により葉付きで売られている大根。付いていたらラッキー！葉はとても栄養豊富。買ってきたら熱湯でさっとゆでて、1cmほどに刻んでおこう。かつお節と油で炒め、しょうゆ、酒で味付けすれば常備菜に。小分けにラップして冷凍しても。スープやラーメンの具に、チャーハンや卵焼きに入れて…とあれこれ便利。大根の皮もぜひ活用を。煮物などで皮をむいたら、むいた皮を刻んできんぴら（→P66）や甘酢漬け（→P67）に。

じゃがいもを買ったら…

原寸大
これが130gのじゃがいも!

買うときのコツ

固く、傷がなく、芽が出ていないものを。緑に変色した皮や芽にはソラニンという天然毒素があるので注意。ほくほくした食感が好きな人は馬鈴薯、煮崩れしないほうが好きな人はメークインを。

【じゃがいも】
食べ応えがあり、付け合わせにもぴったりのじゃがいも。果物なみに含まれるビタミンCはでんぷん質に守られているため、加熱しても失われません。春と秋に出回る新じゃがいもは、皮がやわらかく、皮ごと調理に向いています。

どうやって切るの？

ひと口大
いちょう切り
くし切り

- ひと口大…3cmほどに切る。
- いちょう切り…まず半分、切り口を下にしてさらに半分に切り、端から一定幅に切る。
- くし切り…まず半分に切り、真ん中から等分に切り分ける。

余ったら…？

冷蔵保存	切ったものはぴったりラップして冷蔵庫へ。2～3日で使い切る。丸のまま未使用のものは、紙に包んで冷蔵庫へ。
まとめて処理	●ゆでじゃが（→P72）にし、保存容器で2～3日冷蔵可。 ●ゆでじゃがの皮をむいてつぶし、2～3週間冷凍可。

古くなったら？

黒ずんだら	酸化してるので、黒い面をうすく切って使う。
芽が出たら	大きくなければくりぬき、早めに使う。
皮が緑色になったら	緑色が見えなくなるまで厚く皮をむく。

36 ゆでじゃが

材料（作りやすい分量）　　［約30分］
じゃがいも ……………… 4個（520g）
塩 … 適量（水1ℓに対し塩小さじ2ほど）

●アレンジメニュー
じゃがバター

材料（ひとり分）　　　　［約3分］
ゆでじゃが ……………… 1個（130g）
バター ……………………… 1㎝角

調理時間がかかるじゃがいもは、まとめて塩ゆでにしておくと便利。冷蔵で3〜4日、皮をむいてつぶせば冷凍保存もOK（目安は2週間）。

じゃがいも

❶ じゃがいもを皮ごとよく洗う。

❷ ①と塩、ひたひたの水を入れて熱し、沸騰したらフタをする。

❸ 弱火にしてゆで続ける。つまようじを刺し、中まで通ればOK。

❹ 火を止めて、そのまま10分おく。

❺ ゆでじゃが、完成！

完成！

❻ 次はじゃがバター。⑤を四つに切り、1㎝角ほどに切ったバターをのせて完成。

37 スペイン風オムレツ

材料（ひとり分） ［約15分］

ゆでじゃが（→P72）	1/2個（65g）
玉ねぎ	1/8個（25g）
プチトマト	2個
油	小さじ1
A 卵	2個
牛乳	小さじ1
塩	小さじ1/4
黒こしょう	少々

【ソース】

マヨネーズ	小さじ2
ドライにんにく	少々
酢	小さじ1/2

オムレツは丸くまとめるときに具材をまんべんなく配置すると、見た目がきれいに仕上がるよ。残り野菜やベーコンを具に加えると食べ応えもアップ。

じゃがいも

❶ゆでじゃがの皮をむき、ひと口大に切る。

❷玉ねぎをうす切りにし、耐熱容器に入れ、すき通るまで40秒ほどレンジにかける。

❸プチトマトを半分に切る。

❹②に①③とAを入れ、まぜる。

❺フライパンに油をひいて熱し、流し入れる。

❻まぜながら全体をまとめ、フタをして弱火で3分ほど焼く。

❼裏面も焼き、皿にかぶせるようにして移す。

❽ソースの材料をまぜあわせ、オムレツに添える。

38 トースターサモサ

材料（8個分）　　　　　　　［約15分］
- ゆでじゃが（→P72） …… 1個（130g）
- 餃子の皮（大きめのもの） …… 8枚
- 油 …… 小さじ1
- A
  - おろし玉ねぎ …… 少々
  - カレー粉 …… 小さじ1/2
  - 塩 …… 小さじ1/4

スパイシーなインドのお惣菜風料理。
餃子の皮が余ったら、油・塩をふり
トースターで焼けば即席スナックの完成。
サモサは焼く前の状態ならば
冷凍OK（2週間）。
ポリ袋に平たく並べて入れること。

じゃがいも

❶耐熱容器でAをまぜ、熱くなるまで40秒ほどレンジにかけ、そのままおく。

❷ゆでじゃがの皮をむき、①に入れてフォークでつぶしながらまぜる。

❸生地を8等分にする。

❹餃子の皮で三角に包む。

❺トースターの天板にアルミホイルを敷き、油半量をふる。

❻④を並べ、残りの油を回しかける。

❼1000Wで5分ほど焼く。

39 ニョッキ

材料（ひとり分）　　　［約20分］
ゆでじゃが（→P72） ……… 1個（130g）
薄力粉 …………………… 大さじ5（45g）
塩 ………………………… 小さじ1/2

むずかしそうなニョッキだけど、
ゆでじゃががあればすぐに作れるよ。
ミートソースやトマトソース（→P108）、
面倒なときはオリーブオイルと塩で
シンプルにいただいてもおいしい。

❶ フライパンにたっぷりの湯を沸かす。

❷ ゆでじゃがの皮をむき、フォークでつぶす。

❸ 小麦粉と塩を加え、手でよく練る。

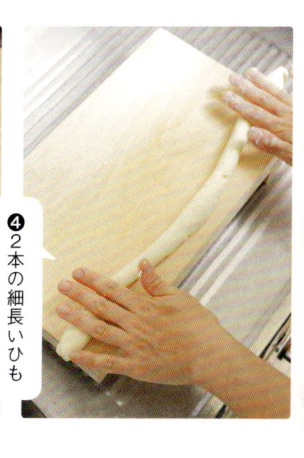

❹ 2本の細長いひも状にのばす（くっ付く場合は打ち粉を）。

❺ 包丁で小さく切る。

❻ フォークに押し付けて成形し、①に入れる。

❼ 再び沸騰して浮いてきたら、ざるにあける。

40 | じゃがいももち

じゃがいも

材料（ひとり分）　　　［約15分］
じゃがいも …………… 1個（130g）
薄力粉 ………………… 大さじ3（25g）
塩 ……………………… ひとつまみ
焼きのり ……………… 全形1/2枚
しょうゆ ……………… 小さじ1

おやつにも夜食にもぴったりの
腹持ちのいいじゃがいももち。
冷めると少し固くなるので、
作りおくときは温め直してね。

❶ じゃがいもをよく洗い、皮ごとおろす。

❷ 薄力粉と塩を加え、ざっくりとまぜる。

❸ 焼きのりを4等分し、油をひいて熱したフライパンに並べる。

❹ ②を1/4ずつスプーンですくい、焼きのりにのせる。

❺ 焼きのりで生地を挟む。

❻ 焼き色が付いたら裏返す。

❼ しょうゆを回しからめる。

42.
タラモサラダ

41.
ポテトだけサラダ

たらこは明太子でもOK。パンに挟んだり、塗ったり、ディップ感覚で食べても。好みでマヨネーズを加えると、さらにコクが増します。

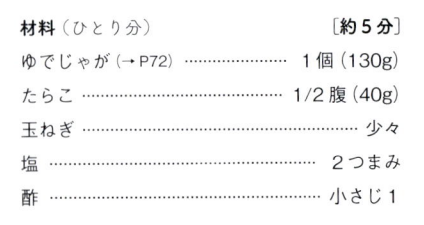

ポテトだけで作ったシンプルなサラダ。塩もみをしたきゅうりや、ハム、ゆで卵など、好みの具材を加えてもおいしいです。

材料（ひとり分） ［約5分］
ゆでじゃが（→P72） ……………… 1個（130g）
たらこ …………………………………… 1/2腹（40g）
玉ねぎ …………………………………………… 少々
塩 …………………………………………… 2つまみ
酢 …………………………………………… 小さじ1

❶ゆでじゃがの皮をむき、ボウルに入れてフォークでつぶす。
❷たらこの中身をスプーンでかき出し、①に入れる。
❸②に玉ねぎをおろし入れ、塩と酢を入れて、ざっくりまぜる。

材料（ひとり分） ［約5分］
ゆでじゃが（→P72） ……………… 1個（130g）
玉ねぎ …………………………………………… 少々
塩 …………………………………………… 3つまみ
酢 …………………………………………… 小さじ2
マヨネーズ ……………………………………… 小さじ1
黒こしょう ……………………………………………… 少々

❶ゆでじゃがの皮をむき、ボウルに入れてフォークでつぶす（冷たければレンジで温める）。
❷①に玉ねぎをおろし、塩と酢をまぜる。
❸完全に冷めたらマヨネーズ、黒こしょうをまぜる。

44. トースターフライドポテト

トースターで焼くだけでフライドポテトができあがり。油の量も少なくてすみ、後片付けもラクです。トースターによってワット数が違うので、時間調整してください。

材料（ひとり分） ［約3分］
じゃがいも ……………………… 1個（130g）
油 ……………………………………… 小さじ1
塩 ……………………………………… 2つまみ

❶皮付きじゃがいもをよく洗い、くし切りに。
❷ボウルに入れ、油と塩を回しかけてまぜる。
❸トースターの天板にアルミホイルを敷き、②を重ならないように広げる。
❹500Wで10分、さらに1000Wにして5分（オーブンの場合は220℃で15分）焼く。

43. じゃがいもの味噌和え

冷めるときに味が入るので、面倒でもゆでじゃがは一度温めて。お弁当にも最適な、ほっとする和えものです。

材料（ひとり分） ［約10分］
ゆでじゃが（→P72） ………………… 1個（130g）
味噌 ……………………………… 小さじ1と1/2
砂糖 …………………………………… 小さじ1/2
水 ……………………………………… 小さじ1/2
白ごま ………………………………………… 少々

❶ゆでじゃがの皮をむき、ひと口大に切る（じゃがいもが冷たい場合はレンジで温める）。
❷ボウルに味噌と砂糖、水を入れ、①を加えて和える。
❸粗熱がとれたら、白ごまをふる。

46.
ジャーマンポテト

じゃがいもは皮付きのまま、しっかりと炒めるのがポイント。黒こしょうのかわりに粒マスタードを添えてもおいしいです。

材料（ひとり分）　　　　　　［約10分］

ゆでじゃが（→P72）	1個（130g）
ベーコン	1枚（35g）
油	小さじ1/2
塩	小さじ1/4
黒こしょう	少々
パセリ（みじん切り）	少々

❶ゆでじゃがを皮ごとひと口大に切る。
❷ベーコンを1.5cm幅に切る。
❸フライパンに油をひいて熱し、②を色付くまでよく炒める。
❹①を加えて炒め、塩、黒こしょうをふる。
❺皿に盛り、仕上げにパセリをふる。

45.
じゃがいもの ガーリック炒め

じゃがいもは、炒めるとモチっと歯ごたえのある食感になります。香ばしい焼き目がおいしいので、調味料を入れた後もしっかり炒めて。

材料（ひとり分）　　　　　　［約15分］

じゃがいも		1個（130g）	
豚こま切れ肉		80g	
玉ねぎ		1/4個（50g）	
ドライにんにく	少々	油	小さじ1
A　しょうゆ	小さじ1	酢	小さじ2
塩	ひとつまみ	黒こしょう	少々

❶じゃがいもを皮ごと1cm厚のいちょう切りにし、さっと水洗いして保存容器に入れる。
❷1分半レンジにかけ、一度まぜてじゃがいもがやわらかくなるまでさらに1分加熱する。
❸玉ねぎを繊維にそって1cm幅に切る。
❹フライパンに油を入れて熱し、③と豚こま切れ肉、ドライにんにくを炒める。
❺②とAを加え、水分がなくなるまでしっかり炒める。

48. じゃがいものトマト煮

生のトマトを使うさっぱりとした煮もの。熟したトマトを使うとよりコクが増します。もちろんプチトマトでも大丈夫。仕上げに黒こしょうをふるとおいしい。

材料（ひとり分）　　　　　　［約15分］
じゃがいも ……………………… 1個（130g）
玉ねぎ‥1/4個（50g）　トマト‥1個（100g）
油 ………… 小さじ1　ドライにんにく‥少々
白ワイン(または酒) ………………………… 小さじ2
塩 ……………………………………… 小さじ1/2

❶じゃがいもの皮をむいてひと口大に切り、さっと水洗いして耐熱容器に入れる。
❷1分半レンジにかけ、一度取り出しまぜ、やわらかくなるまでさらに1分ほど加熱する。
❸玉ねぎ、トマトをざく切りにする。
❹フライパンに油をひいて熱し、玉ねぎ、ドライにんにくを炒め、玉ねぎがすき通ってきたらじゃがいもとトマトを加えて軽く炒める。
❺白ワインを加え、ひと煮立ちしたら塩を入れ、フタをして5分煮る。

47. じゃがいものカリカリ焼き

ボリュームのあるポテトチップスのような食感で、おつまみや肉料理の付け合わせにぴったり。カリッとしたのが好きな人はなるべく薄く焼いてみよう。

材料（ひとり分）　　　　　　［約15分］
じゃがいも ……………………… 1個（130g）
小麦粉 ………………………………… 大さじ3
塩 …………………………………… 2つまみ
油 …………………………………… 小さじ1

❶じゃがいもをよく洗い、せん切りピーラーなどで皮ごとせん切りにする。
❷ボウルで①と小麦粉、塩をまぜて生地を作る。
❸フライパンに油をひいて熱し、②を流して焼き付ける。
❹焼き色が付いたら裏返し、生地が平たくなるようにフライ返しでおさえる。
❺きつね色になるまで両面を焼く。
❻4つに切り分け、皿に盛る。

原寸大
これが150gのにんじん!

にんじんを買ったら…

【にんじん】
苦手な人も多いけれど、栄養豊富な野菜の代表格、にんじん。抗酸化作用を持つカロテンが多く含まれており、油と一緒に調理すると吸収がよくなります。皮がうすいので、きれいな状態ならばよく洗ってそのまま調理OK。

買うときのコツ
根の先までしっかりと固いものを。色が濃く、でこぼこの少ないものがおいしい。皮が黒ずんだり、しわが寄っているもの、茎に近い部分が緑色に変色しているものは避けること。

どうやって切るの？

- 輪切り…繊維と垂直に、端から一定幅に切る。
- せん切り…ほどよい長さに切ってから縦にうす切りし、数枚ずつ重ねて細く刻む。

余ったら…？

冷蔵保存	先のほうが痛みやすいので、残すときは茎側を。切ったものはぴったりラップし冷蔵庫へ。2〜3日で使い切る。1本のまま未使用のものは、紙で包み、立てて冷蔵庫へ。
まとめて処理	●にんじんマリネサラダ（→P88）に。 ●炒めにんじん（→P90）に。

古くなったら？

皮が黒ずんだら	皮をむけば大丈夫。
しなびたら	腐っていなければ、炒めものに。
芽が出たら	味は落ちるが、芽を落とせば使ってOK。

49 にんじんマリネサラダ

材料(作りやすい分量) ［約10分］
にんじん ……………… 1本(150g)
酢 …………………… 大さじ1
オリーブオイル ………… 小さじ2
塩 …………………… 小さじ1/2
黒こしょう …………… 少々

●アレンジメニュー
**生ハムとにんじんの
ブルスケッタ**

材料(ひとり分) ［約5分］
にんじんマリネサラダ… 大さじ3(40g)
生ハム ………………………… 3枚
バゲット …………… うす切り3枚

玉ねぎ、セロリのうす切りやリンゴや
パイナップル、レーズンやナッツなど
好みの具を加えてアレンジしてね。
冷蔵庫で1週間保存OK。

❷端の部分は包丁で細かく刻む。

❶にんじんを、皮引きなどでせん切りする。

❸すべての材料を保存容器でまぜ合わせる。

❻生ハムと④をのせる。

❺次はブルスケッタ。まずバゲットを切り、トースターで香ばしく焼く。

❹にんじんマリネサラダ、完成！

89

50 炒めにんじん

材料（作りやすい分量）　［約10分］
にんじん ………………… 1本(150g)
ごま油 …………………… 小さじ1
塩 ………………………… 小さじ1/3

●アレンジメニュー
牛肉のレタス包み

材料（ひとり分）　　　［約10分］
炒めにんじん ………… 大さじ1(50g)
牛うす切り肉 ………………………… 80g
玉ねぎ ………………… 1/8個(25g)
レタス ………………………… 1/2個
油 ……………………………… 小さじ1/2
白ごま ………………………… 小さじ1
A｜酒 …………………………… 小さじ1
　｜しょうゆ ………………… 小さじ1
　｜ドライにんにく ………………… 少々

ピーラーがないときは、
にんじんを縦半分に切って
斜めうす切りにしてもOK。
炒めにんじんは冷蔵で4〜5日保存可。
炒めものやラーメンの具にも重宝するよ。

にんじん

❶にんじんを回しながら5cmの長さに削り、フライパンに入れる。

❷ごま油を加えてから火にかけ、塩をふって炒める。

❸にんじんのごま油炒め、完成！

❹次は牛肉のレタス包み。まず玉ねぎをうす切りに。

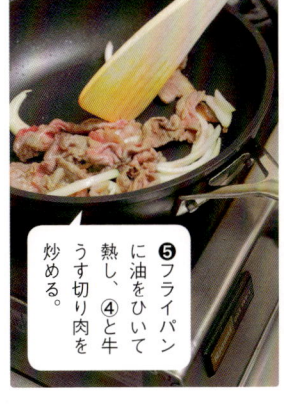

❺フライパンに油をひいて熱し、④と牛うす切り肉を炒める。

❻Aと③を加えて汁気がなくなるまで炒め、白ごまをふる。

51 ピビンバ

材料（ひとり分）　　　　　［約10分］

炒めにんじん（→P90）	大さじ2（25g）
牛うす切り肉	80g
豆もやしのナムル	大さじ2（25g）
キムチ	大さじ1〜2（20g）
油	小さじ1/2
ご飯	1杯分（200g）
A　しょうゆ	小さじ1
酒	小さじ1
砂糖	小さじ1/2
ドライにんにく	少々
おろししょうが	少々
刻みねぎ（あれば）	少々

刻みねぎは、おろし玉ねぎでもOK。
2〜3日冷蔵保存OKの
豆もやしのレンジナムルも
簡単なので、ぜひ試してみて。

にんじん

❶ フライパンに油をひいて熱し、牛うす切り肉を炒める。

❷ 肉の色が変わりきらないうちにAを加え、汁気がなくなるまで炒める。

❸ ご飯に②と炒めにんじん、豆もやしのナムル、キムチをのせる。

おまけレシピ

【豆もやしのレンジナムル】

さっと洗った豆もやし200g、塩小さじ1/2を耐熱容器に入れ、レンジで2分加熱。全体をまぜてさらに1分半加熱し、そのまま粗熱がとれるまでおいてから、余分な水分を捨てる。仕上げにごま油小さじ1を回しかければ、完成。

52 にんじんパンケーキ

材料（3枚分）　　　〔約90分〕
にんじん ……………… 1/2本(75g)
牛乳 …………………………… 150ml
A　薄力粉 ………… 1カップ弱(100g)
　　卵 ……………………………… 1個
　　オリーブオイル ………… 大さじ1
　　砂糖 ……………………… 大さじ1
　　塩 ……………………… 小さじ1/4

甘く食べたいときは砂糖をふったり、
ジャムやハチミツ、アイスクリームと一緒に。
朝食や軽いランチにはハムやチーズ、
レタスなどを添えてどうぞ。

にんじん

❶ にんじんをすりおろし、Aと牛乳半量（75㎖）を加えてまぜる。

❷ 残りの牛乳を入れてよくまぜる。

❸ ボウルにラップをし、1時間ほど冷蔵庫で休ませる。

❹ フライパンを熱し、生地を流して、うすくのばす。

❺ 表面に気泡ができ、穴があいたら裏返す。

❺ 裏面に焼き色が付いたら皿に移す。

53 にんじんと粗挽きソーセージご飯

にんじんをすりおろし、
ご飯に彩りとうまみを加えた
簡単で栄養たっぷりの炊き込みごはん。
仕上げに黒こしょうやパセリをふって。

材料（作りやすい分量／5杯分）［約40分〜］
- にんじん ………………………… 1本（150g）
- 粗びきソーセージ ……………… 5本（60g）
- 米（洗ってざるにあけておく） …… 2合
- 酒 ………………………………… 小さじ2
- 塩 ………………………………… 小さじ1

にんじん

❶ 粗びきソーセージを3等分に切る。

❷ にんじんを粗めのおろし金でおろす。

❸ 米と酒を炊飯器に入れ、2合の目盛りまで水を注ぐ。

❹ ①②と塩を炊飯器に加えて軽くまぜ、炊く。

55.
にんじんとたらこ炒め

おつまみ感覚の簡単にできる一品。たらこは焦げやすく、はぜるので、炒めるときは火を強くしすぎないこと。

材料（ひとり分） ［約10分］
炒めにんじん（→P90）……… 大さじ4（50g）
たらこ ………………………… 1/2腹（40g）
酒 ……………………………………… 小さじ1

❶たらこの皮を裂き、スプーンで中身をかき出してフライパンに入れる。
❷残りの材料をフライパンにすべて入れる。
❸フライパンを火にかけ、たらこの色が変わるまで炒める。

54.
にんじんのグラッセ

苦手な人も多いにんじんのグラッセを、仕上げの酢と控えめの砂糖で、さわやかな大人の味に仕立てました。お弁当にも最適。

材料（ひとり分） ［約10分］
にんじん ……………………………… 1本（150g）
砂糖 …………………………………… 小さじ2
塩 ……………………………………… 2つまみ
酢 ……………………………………… 少々

❶にんじんを1cm幅の輪切りにする。
❷フライパンに①とひたひたの水を入れ、5分ほど煮る。
❸やわらかくなったら大さじ1程度の水を残すように捨て、砂糖、塩を加える。
❹にんじんを返しながら水分がなくなるまで味を煮絡める。
❺仕上げに酢をたらす。

57.
にんじんリゾット

56.
にんじんと糸こんにゃくのきんぴら

にんじんのうまみをじっくり感じられるリゾットです。本来は生米から炊きますが、残りご飯で時間短縮。歯ごたえが肝心なので、煮込みすぎないように。

調味料を入れたらしっかり炒めて、糸こんにゃくによく味を絡めること。仕上げに一味唐辛子をふって、ピリ辛に仕立ててもおいしいよ。

材料（ひとり分）　　　　　　　　［約15分］
- にんじん ………………………… 1/4本（40g）
- 玉ねぎ …………………………… 1/8個（25g）
- ご飯（冷やご飯で可）………… 1/2杯分（100g）
- 白ワイン（または酒）………………… 小さじ1
- 塩 ………………………………………… 小さじ1/3
- 油 ………………………………………… 小さじ1/2
- 水 ………………………………………… 100mℓ
- 粉チーズ ……………………………… 小さじ1と1/2
- オリーブオイル ……………………………… 少々
- 黒こしょう …………………………………… 少々

材料（ひとり分）　　　　　　　　［約10分］
- 炒めにんじん（→P90）………… 大さじ3（40g）
- 糸こんにゃく ……………………………… 100g
- 油 ………………………………………… 小さじ1/2
- 白ごま …………………………………………… 少々
- A
  - しょうゆ ………………………………… 小さじ1
  - 酒 ………………………………………… 小さじ1
  - 砂糖 ……………………………………… 2つまみ

❶フライパンに、にんじん、玉ねぎをすりおろす。
❷油を加えて熱し、①をすき通るまで炒める。
❸ご飯、白ワイン、塩、水を加えてフタをし、沸騰したら弱火にして5分ほど煮る。
❹ご飯がとろりとしたら粉チーズを加えまぜる。
❺皿に盛りオリーブオイルと黒こしょうをふる。

❶糸こんにゃくをはさみで切る（短ければそのままで）。
❷フライパンに油をひいて熱し、①を炒める。
❸Aを入れて、味を絡めるように炒める。
❹にんじんを加えてさらに炒め、火を止める。
❺仕上げに白ごまをふる。

毎日料理するのは大変だけど

コツさえつかめば楽なのよ

でもサラダとか食べて…

休日には肉を煮よう

[ごちそう肉レシピ]

時間をかけた肉料理を、
休日にまとめてたくさん作っておこう。
最初の下ごしらえさえ済ませておけば、
あとはフライパンまかせ。
時間をかけてじっくり煮込むだけで、
失敗しらずのごちそうメニューが完成。

週末肉レシピ①

すじ肉の下ゆで

材料（作りやすい分量）[約60〜90分]
牛すじ肉（または牛すね肉）……600g

❶ フライパンに7分目ほどのお湯を沸かし、沸騰したら牛すじ肉を入れる。
❷ 再び沸騰したら中火のまま10〜15分ほどゆで、浮いてきたあくを取り続ける。
❸ 一旦ざるにあけて湯を捨て、再びフライパンにたっぷりの水と肉を入れ、中火にかける。
❹ 沸騰したらフタをし、弱火で30分〜1時間ほど、肉がやわらかくなるまで煮る。

肉ポイント

肉によってやわらかくなるまでの時間が大きく変わります。一般的に和牛は早く、輸入肉は時間がかかるもの。回転がよく、質の良い肉を扱う店を見つけるのも、肉料理上達のポイントです。

アレンジ案

◎ゆでたての牛すじ肉に刻みしょうがと刻みねぎをのせ、しょうゆをかければ即席アテに。

◎玉ねぎやじゃがいもと煮込み、ルーを加えれば牛すじカレーやシチューに。

◎牛すじ肉とひたひたの煮汁、牛すじ肉1/3ほどの量の砂糖と酒、さらにたっぷりの刻みしょうがをフライパンに入れ、中火で煮汁が半分になるまで煮詰めて味噌かしょうゆで味を調えると、牛すじ煮込みに。

◎うまみたっぷりの煮汁に塩やしょうゆ、酒などで調味し、残り野菜を加えてスープに。

保存方法

冷蔵の場合は煮汁に浸けて3〜4日ほど保存OK。冷凍の場合は煮汁と牛すじ肉を分けて保存容器に入れ、3〜4週間保存できます。

週末肉レシピ②

フライパンチャーシュー

材料（作りやすい分量）[約60〜90分]

- 豚バラブロック（または豚肩ロース） 600g
- うす切りしょうが 1かけ分
- ねぎの青い部分（または玉ねぎ） 少々
- A
  - 砂糖 大さじ2
  - しょうゆ 大さじ2
  - 酒 大さじ2

作り方

❶ 豚バラブロックを2〜3等分に切り分ける。

❷ 油はひかず、フライパンに直接①をおき、まず脂身を下にして全面よく焼く（出た脂はスプーンで取り除く）。

❸ ひたひたの水とうす切りしょうが、ねぎの青い部分を加えて熱し、沸騰したらフタをする。

❹ 弱火にして30分〜1時間ほど、肉がやわらかくなるまで煮る。

❺ 底から1cm分ほどの煮汁を残し、余分な煮汁は別容器に移す。

❻ Aを加え、中火で豚バラブロックをときどき返しながら煮汁がなくなるまで煮詰め、味を絡める。

アレンジ案

◎できたてをスライスし、辛子を添えるだけでごちそうに。
◎定番のラーメン具材にはもちろん、チャーハン、サラダの具にも。
◎大きなレタスを添えてレタス包みにしたり、サンドウィッチに。
◎刻みきゅうりやゆでた小松菜、チンゲンサイを添えて、ヘルシーに。
◎②で取った脂（ラード）は炒め物に。
◎⑤で別容器に移した煮汁は、スープや麺に。

保存方法

ぴったりラップして保存容器に入れる。冷蔵で4〜5日、冷凍ならば3〜4週間ほど保存OK。解凍したらなるべく早く食べること（冷凍保存の際は、細かく刻んでから小分けに冷凍すると便利）。

市販のたれ卒業宣言

[自作でおいしいつゆ／たれ／ソース]

市販の焼肉のたれ、めんつゆ、ドレッシング…などから卒業！基本の調味料を組み合わせたオリジナル調味料レシピです。タレやソースは日持ちするので、多めに作って密閉容器で冷蔵保存OK。さまざまな料理に応用しよう。

⇒うどん・丼に

めんつゆ

保存：2週間（水を加えた状態だと4〜5日）

[材料] かつお節…1パック／Ⓐ【しょうゆ…大さじ2、酒…大さじ2、砂糖…小さじ1】

[作り方] Ⓐをひと煮立ちさせてかつお節を加え、再び沸騰したら火を止めて完成。かつお節が気になるようなら、ざるや茶こしでこす。つゆ大さじ2に対し100㎖の水を加えるとざるうどんのつゆ、丼のベースになるよ。大さじ2に対し200㎖の水を加えると、かけうどんや寄せ鍋のつゆになります。そのまま卵焼きや冷や奴にかけても。

⇒サラダに

ドレッシング

保存：2週間

[材料] 酢…大さじ1／好みの油…大さじ2／塩…小さじ1/4／黒こしょう…少々

[作り方] すべての材料をよくまぜるだけで完成。フタ付きビンに入れ、ふると作りやすい。好みの油で、いろいろアレンジしてみよう。ごま油など香りの強い油はサラダ油と割って使うか、少なめに入れて。塩をしょうゆに変えれば和風ドレッシングに。青じそやパセリ、刻みねぎ、おろし玉ねぎをまぜてもおいしい。

⇒パスタに

ミートソース

保存：1週間（冷凍1ヶ月）

[材料] Ⓐ【そぼろストック…カップ1（130g）、薄力粉…小さじ1】／Ⓑ【トマト（ざく切り）…1/2個分、白ワイン（または酒）…小さじ1】／Ⓒ【野菜ジュース…50㎖、塩…2つまみ、黒こしょう…少々、ローリエ（あれば）…小1枚】
[作り方] Ⓐを炒め、ⒷⒸを順に加えてまぜながら煮込む。パスタソースのほか、ご飯にかけたり、ゆでじゃがいもや炒めたナスと和えても。オムレツにもぴったり。

トマトソース

保存：1週間（冷凍1ヶ月）

[材料] トマト水煮缶…1/2缶／塩…3つまみ／黒こしょう…少々／ローリエ（あれば）…1枚／オリーブオイル…小さじ1/2／Ⓐ【玉ねぎ（みじん切り）…1/8個分（25g）、ドライにんにく…少々】
[作り方] まずⒶを炒め、残りのすべての材料を加えてひと煮立ちさせる。パスタソースのほか、オムレツ、煮込みやソテーのソーストルに。夏野菜の炒めものと煮てラタトゥイユにも。

トマトケチャップ

保存：2週間

[材料] トマト水煮缶…1/2缶／Ⓐ【おろし玉ねぎ…1/8個分（25g）、ドライにんにく…少々、セロリの葉…少々、ローリエ…1枚、砂糖…大さじ1、酢…大さじ1、塩…小さじ3/4、黒こしょう…少々】
[作り方] Ⓐを鍋に入れてひと煮立ちさせ、トマト水煮缶を加えて軽く煮詰める。甘さ控えめなのでケチャップライス、ナポリタンだけでなく、炒めもの、煮込みにも。

⇒鍋・焼肉に

ゴマだれ

保存：2週間

［材料］Ⓐ【練りごま…大さじ1、すりごま…小さじ2、砂糖…小さじ2、酢…小さじ1】／Ⓑ【しょうゆ…大さじ1、おろし玉ねぎ…少々、おろししょうが…少々、豆板醤（好みで）…少々】
［作り方］まずⒶをまぜ、Ⓑを加えてさらにまぜれば完成。サラダ、豆腐、冷しゃぶ、冷たい麺類にもよく合う。ゆでたササミときゅうりを和えればバンバンジーに。

焼肉のたれ

保存：2週間

［材料］しょうゆ…大さじ2／酒…大さじ2／砂糖…小さじ2／酢…小さじ1/4／おろし玉ねぎ…1/8個分（25g）／おろししょうが…少々／ドライにんにく…少々
［作り方］すべてを鍋に入れ、ひと煮立ちさせて火を止める。甘口がよければ砂糖を増やす。ざるや茶こしで野菜の繊維をこしてもOK。炒めものにも合います。

味噌だれ

保存：2週間（水を加えた状態なら4、5日）

［材料］味噌…大さじ2／砂糖…小さじ1／ドライにんにく…少々／おろししょうが…少々／おろし玉ねぎ…少々／豆板醤（好みで）…少々
［作り方］すべての材料をよくまぜ合わせる。保存するときは水を入れず、使うときに水でのばす。炒めた豚ひき肉とまぜれば肉味噌に。生野菜に添えてもおいしい。

ポン酢

保存：2週間

［材料］しょうゆ…大さじ2／酢…大さじ2／砂糖…小さじ2／昆布（あれば）…ひとかけ
［作り方］すべてを鍋に入れ、ひと煮立ちさせてそのまま冷ます。ひと晩おくと味がなじむ。酢のかわりにゆずやすだち、レモンなどを使ってもOK。

ラー油

保存：2週間

［材料］ごま油…大さじ1／油…大さじ1／ドライにんにく…少々／豆板醤（または一味唐辛子）…少々
［作り方］すべてをまぜ合わせれば完成。ぎょうざや炒め物、ラーメンだけでなく、生野菜や冷や奴にかけてもおいしい。酢じょうゆを加えると中華だれに。

素材別索引

基本の5野菜以外の素材別索引です。
冷蔵庫に余りものがあれば、
ここから逆引きしよう！

肉／魚／卵／豆類

【ひき肉】
① そぼろストック／オムレツ ……… 24
② ジャージャー麺風うどん ……… 26
⑨ 簡単キーマカレー ……… 35
⑩ ナスとひき肉のエスニック炒め ……… 36
⑪ かぼちゃとひき肉のスパイシー炒め ……… 36
㉞ 大根の麻婆炒め ……… 68
◎ ミートソース ……… 108

【豚肉】
④ 豚丼 ……… 30
㉓ キャベツと豚肉の味噌鍋 ……… 53
㉗ 大根の肉巻き ……… 62
㉟ ピーラー大根の豚しゃぶ ……… 69
㊺ じゃがいものガーリック炒め ……… 84
◎ フライパンチャーシュー ……… 104

【牛肉】
⑧ 肉豆腐 ……… 35
㊿ 牛肉のレタス包み ……… 90
㊾ ピビンバ ……… 92
◎ すじ肉の下ゆで ……… 102

【鶏肉】
⑤ おろし野菜のインド風チキンカレー ……… 32
⑬ ザワークラウトと骨付き鶏の煮込み ……… 42
⑬ ザワークラウトと骨付き鶏の煮込み ……… 42
㉕ 鶏と大根の香り煮 ……… 58

【ソーセージ】
⑬ ザワークラウトと骨付き鶏の煮込み ……… 42

【ベーコン】
③ 丸ごと玉ねぎのグラタンスープ風 ……… 28
㊾ にんじんと粗びきソーセージご飯 ……… 96

【生ハム】
㊻ ジャーマンポテト ……… 84
㊾ 生ハムとにんじんのブルスケッタ ……… 88

【サバ】
㉖ 塩サバのおろし煮 ……… 60

【たらこ】
㉜たらこのおろし和え … 67
㊷タラモサラダ … 82
㊺にんじんとたらこ炒め … 98

【ツナ】
㉒キャベツとツナのシンプル煮 … 52

【オイルサーディン】
⑮キャベツとオイルサーディンのパスタ … 46

【ちりめんじゃこ】
⑭じゃこたま焼き … 44

【卵】
①そぼろオムレツ … 24
⑦タルタルソース風卵サラダ … 34
⑭じゃこたま焼き … 44
⑲キャベツの巣ごもり … 51
㊲スペイン風オムレツ … 74
㊾にんじんパンケーキ … 94

【豆腐】
⑧肉豆腐 … 35
⑭じゃこたま焼き … 44

【うす揚げ】
㉝大根とお揚げのしょうゆ焼き … 68

野菜

【トマト】
⑨簡単キーマカレー … 35
⑪かぼちゃとひき肉のスパイシー炒め … 36
㊲スペイン風オムレツ … 74
㊽じゃがいものトマト煮 … 85
◎ミートソース … 108

【レタス】
②ジャージャー麺風うどん … 26
㊿牛肉のレタス包み … 90

【ねぎ】
㉕鶏と大根の香り煮 … 58
㉞大根の麻婆炒め … 68

【ナス】
⑩ナスとひき肉のエスニック炒め … 36

【かぼちゃ】
⑪かぼちゃとひき肉のスパイシー炒め … 36

【豆苗】
㉟ピーラー大根の豚しゃぶ … 69

【大葉】
㉗大根の肉巻き … 62

木村 緑（きむら・みどり）

1974年京都府生まれ。大阪市立大学生活科学部卒業後、辻調理師専門学校にて料理を学ぶ。2003年、大阪・新町にて「room cafe ロカ」をオープン。"見た目も味も栄養もバランスよい定食"で人気を博す（2014年春より一時休業中）。

◎ 木村緑　好評既刊

『ロカの定食』　『ロカの弁当』
（各1,200＋税　京阪神エルマガジン社刊）

ひとり料理　これだけあれば

2014年10月1日　第1刷発行

著者 ──── 木村 緑

撮影 ──── 塩崎 聰
ブックデザイン ── 藤田康平（Barber）
イラスト ──── 加藤淳一
協力 ──── 鈴木昭二　河田剛　竹村匡己

発行人 ──── 今出 央
編集人 ──── 稲盛有紀子

発行所 ──── 株式会社京阪神エルマガジン社
　　　　〒550-8215　大阪市西区江戸堀1-10-8
　　　　TEL 06-6446-7718（販売）
　　　　〒104-0061　東京都中央区銀座1-7-17
　　　　TEL 03-6273-7720（編集）
　　　　www.Lmagazine.jp

印刷・製本 ──── 大日本印刷株式会社

© 2014 Midori Kimura Printed in Japan
ISBN:978-4-87435-451-3
※乱丁・落丁本はお取り替えいたします。
本書記事・写真・レイアウトの無断転載・複製を禁じます。